WELCOME TO YOUR JAPANESE

About this workbook:

The Japanese language has three different types of characters: hiragana, katakana, and kanji. In this book, you will learn and practice the first two of them. The book is split into two parts. The first is Hiragana and the second is Katakana. In each part, you learn all the characters of the individual writing system. Each part is split into sections of 3 to 5 characters. You will learn how the individual stroke order of each character works, and you can practice those right away. After each section, you will find some sample vocabulary to put your new Japanese knowledge into practice. To help you study and remember the vocabulary, we provided you with some fun puzzles to solve.

Before you jump into action, take your phone and scan the QR-Code at the bottom of this page to download additional resources to help you study. You will get two posters that contain a chart with all the Hiragana and Katakana characters and some empty writing practice sheets to print out.

If you have any problems with your download, please send us an e-mail at japanese.workbook.resources@gmail.com

Now turn the page and start learning.

We wish you good luck and have fun :)

Ganbatte!
(Do your best!)

HIRAGANA CHART ひらがな

	a	i	u	e	o	ya や　yu ゆ　yo ょ
no consonant	あ a	い i	う u	え e	お o	
k	か ka	き ki	く ku	け ke	こ ko	きゃ kya　きゅ kyu　きょ kyo
s	さ sa	し **shi**	す su	せ se	そ so	しゃ sha　しゅ shu　しょ sho
t	た ta	ち **chi**	つ **tsu**	て te	と to	ちゃ cha　ちゅ chu　ちょ cho
n	な na	に ni	ぬ nu	ね ne	の no	にゃ nya　にゅ nyu　にょ nyo
h	は ha	ひ hi	ふ **fu**	へ he	ほ ho	ひゃ hya　ひゅ hyu　ひょ hyo
m	ま ma	み mi	む mu	め me	も mo	みゃ mya　みゅ myu　みょ myo
y	や ya		ゆ yu		よ yo	
r	ら ra	り ri	る ru	れ re	ろ ro	りゃ rya　りゅ ryu　りょ ryo
w	わ wa				を o	
[n]	ん n					
" - ten ten **k → g**	が ga	ぎ gi	ぐ gu	げ ge	ご go	ぎゃ gya　ぎゅ gyu　ぎょ gyo
s → z	ざ za	じ **ji**	ず zu	ぜ ze	ぞ zo	じゃ ja　じゅ ju　じょ jo
t → d	だ da	ぢ **ji**	づ **zu**	で de	ど do	
h → b	ば ba	び bi	ぶ bu	べ be	ぼ bo	びゃ bya　びゅ byu　びょ byo
° - maru **h → p**	ぱ pa	ぴ pi	ぷ pu	ぺ pe	ぽ po	ぴゃ pya　ぴゅ pyu　ぴょ pyo

small つ

つ short pause

Hiragana is based on the five vowels a, i, u, e, o. The characters written **bold** indicate sounds differing from the pattern. All other characters are made by combining a consonant with a vowel sound.

あ　　a

あ

あ	ⁱ二	²十	³あ	あ			

すごい
WOW!

い　い

い　い

い　い

い　い

い　い

い　い

い　い

い　い

い　い

い　い

い　い

い　い

い　い

い　い

い　い

い　い

い　い

い　い

い　い　i

すごい
wow!

4

う　**u**

すごい
wow!

5

え

え   え   え

え   e

すごい
WOW!

お

お　１→

お　２　お　３　お

お　　o

お
お
お
お
お
お
お
お
お
お
お
お
お
お

すごい
wow!

7

あい	This means love
いえ	This means house
あおい	This means blue
え	This means picture; painting
おおい	This means a lot or much
いいえ	This means no
いう	This means to talk
いい	This means good

CROSSWORD CHALLENGE

Across

2. This means blue

4. This means to talk

5. This means no

Down

1. This means love

3. This means a lot or much

4. This means house

6. This means good

WORDSEARCH

ろなおおいをもいめき
ふるせつてやそぬむや
たちわきいうあさしし
にへこゆせろろいええ
んしねおめいれふふ
へよをいすしかか
あおほたむてのの
あねいされるきれれ
もいななれときろな
いしえそあんろせ
しなそいかなせ

- あい
- あおい
- あえ
- いえ
- おおい
- いえ
- おおいえ
- いう
- いい

か

か　ka

かかかかかかかかかかかかかかかかかか

① ⊃　② か　③ が　か

き

き
き
き
き
き
き
き
き
き
き
き
き
き
き
き
き

1 →
2 →
3
4

き き

き

すごい
WOW!

く　ku

すごい
wow!　12

け

け ke

すごい
wow! 13

こ ko

すごい
wow!

14

かお	This means face
えき	This means train station
おおきい	This means big
いく	This means to go
くうこう	This means airport
こい	This means love or carp (fish)
かき	This means persimmon
いけ	This means pond

CROSSWORD CHALLENGE

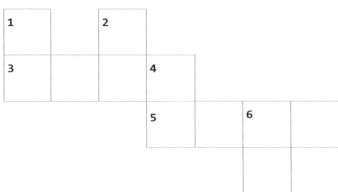

Across

3. This means big

5. This means airport

Down

1. This means face

2. This means train station

4. This means to go

6. This means love or carp (fish)

WORDSEARCH

```
て け と し い   ね ひ を
こ れ は し を や ほ ほ ほ
け ひ い に を や り ほ か
か こ ひ に く な こ お お す
き き く た う は し き ひ
ふ え た う こ せ ぬ ん ゃ
に き ぬ こ う つ お お く
ぬ こ ゆ よ て ほ ん か
う む ゆ う こ れ か か め
お ゆ う お な な よ お み
```
```
ほ か す ひ ゃ
ち や く い は
お き ろ め あ
し ん お か ひ
ぬ お か よ と
お れ な
か
お
よ
```

- おき
- えき
- おおきい
- いく
- くうこう
- こいきけ
- かい

16

さ

1 →
2 ↓
3 →

さ

さ sa

すごい
WOW! 17

し　**shi**

すごい
wow!

す　す

① →

② す

す

す　su

すごい
WOW!　19

せ　**se**

すごい
wow!

そ　**so**

すごい
WOW!

さけ	This means Japanese alcohol
うし	This means cow
すし	This means sushi
あさ	This means morning
すき	This means to like (something)
うそ	This means a lie
かさ	This means umbrella
せき	This means chair or to cough

CROSSWORD CHALLENGE

		1
	2	
3		

Across

2. This means to like (something)

3. This means cow

Down

1. This means chair or to cough

2. This means sushi

3. This means a lie

WORDSEARCH

Grid (Japanese kana):

```
け み て ろ た あ さ た ゆ も
う き え ね か し や き ふ
す や た ぬ ほ ま ぬ せ う
や そ お め を つ て
う う ね か む ん た
る る よ し す し ひ た ほ さ
う く よ し た は へ み さ
つ さ ふ し よ た ら る く け
ら り れ せ か お ら る く す
り わ み そ ま さ か し
せ と う ゆ る か け う
ぬ ほ
```

Word list:

- けし
- さき
- すし
- あす
- うし
- かき
- せき

た

1 →̇	2 ⌇十	十 3 →̇	た 4 ↗	た

た　**ta**

すごい
WOW!　24

ち

ち

ち ち

ち chi

すごい
WOW!

つ **tsu**

すごい
WOW! 26

て　て　て

すごい
WOW!　27

と

と

と

すごい
wow! 28

おと	This means sound
とおい	This means far
いち	This means the number 1
ちち	This means father
すてき	This means nice
さとう	This means sugar
くち	This means mouth
うた	This means song

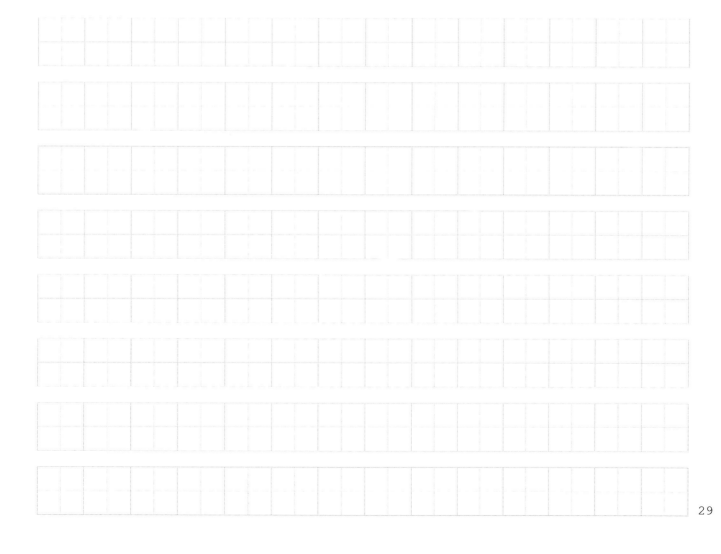

CROSSWORD CHALLENGE

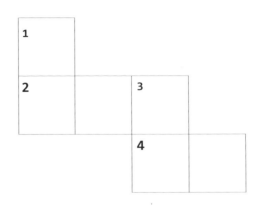

1		
2	3	
	4	

Across

2. This means far

4. This means father

Down

1. This means sound

3. This means the number 1

WORDSEARCH

```
く ち す よ ち い に み く た む
は あ あ り ふ ち ろ う た ら ほ
す あ り お え さ さ わ に お け
て す あ と そ そ う こ お た さ
き ぬ ん へ る お る へ た れ と
ゆ あ さ お し ね ほ ふ れ へ う
た さ く へ さ つ え や へ み み
と く い た た ゆ っ ん み も お
け ち ん く か わ ゆ ち お ぬ け
う お ふ に れ ぬ わ ち ぬ ち
  ち ち に   ち ぬ え う
```

- おと
- とおい
- いち
- ちち
- てき
- とう
- さく
- た

な

な

な　na

すごい
WOW!

31

に

に ni

すごい
wow!

ぬ

ぬ　**nu**

すごい
wow!

ね

1 ↓

2 ね

ね

ね　ne

すごい
WOW!

34

の の の の

すごい
wow!

35

ねこ	This means cat
この	This means this
ねつ	This means fever
いぬ	This means dog
にし	This means West
なつ	This means summer
なに	This means what
なな	This means seven

CROSSWORD CHALLENGE

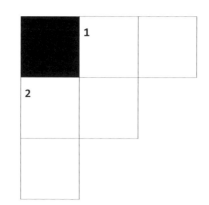

Across

1. This means seven

2. This means fever

Down

1. This means summer

2. This means cat

WORDSEARCH

れおきねによたな に
めおせつやちめあれ
そこみなちこおゆち
よけにもなうつあち
ふするとのそねふぬ
  のおういぬねけう
  のうりほをつのの
 えみうりまなうう
 くをるるやりほしし
 にみそやまやちす
 おしやえり り ち
 するくもや
   にし

- このつぬしつにな
- ねこねいになな
- このねいになな
-
-
-
-

は ha

はははははははははははははははははははは

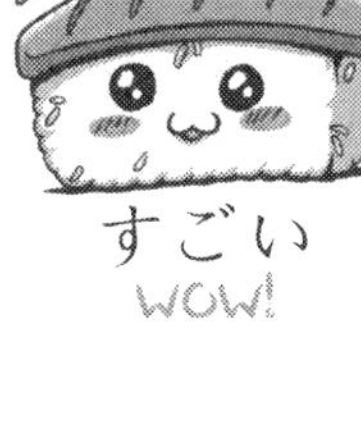

ひ　hi

ひ

すごい
wow!

ふ　**fu**

すごい
WOW!

40

へ **he**

すごい
WOW!

ほ

ほ　し¹　じ²　に³　ほ⁴　ほ

ほ **ho**

すごい
WOW!

42

はこ	This means box
ひと	This means person
ふね	This means boat
へた	This means bad at, or unskilled
はと	This means dove
ひたち	This means Hitachi (the company)
ほし	This means a star
とうふ	This means tofu

CROSSWORD CHALLENGE

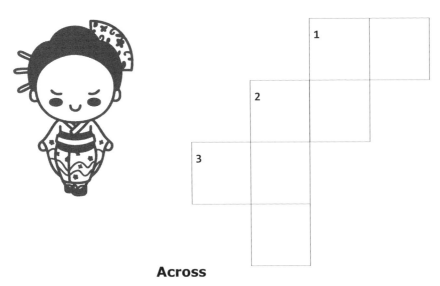

Across

1. This means box

2. This means person

3. This means bad at, or unskilled

Down

1. This means dove

2. This means Hitachi (the company)

WORDSEARCH

```
の は む さ お そ お て つ み
ね と の つ い を こ を お ち
く へ ね と ゆ こ う と ふ ま
お た に つ ほ せ ふ ふ き ち
お く   ふ ね   ほ り し う へ
ら ぬ お ね ひ ほ し へ く き
  と お か た も え お り こ
か し か よ ち ひ と け そ ほ
ね ほ も は ち こ て そ み
す ふ こ る と た ひ て さ ん
```

- はこ
- ひと
- ふね
- へた
- はと
- ひたち
- ほし
- とうふ

ま

ま　ma

み み み み

み mi

すごい
WOW!

46

む

む む む む

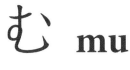 む mu

すごい
WOW!　47

め

め　me

すごい
WOW!

48

も　**mo**

すごい
wow!

49

もも　　　　　　This means peach

まめ　　　　　　This means bean

ひみつ　　　　　This means secret

しまうま　　　　This means zebra

たま　　　　　　This means ball

まち　　　　　　This means town

こめ　　　　　　This means rice

さめ　　　　　　This means shark

CROSSWORD CHALLENGE

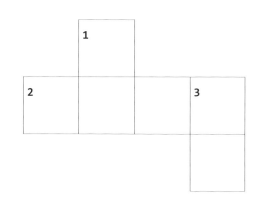

	Across		Down

Across

2. This means zebra

Down

1. This means ball

3. This means bean

WORDSEARCH

```
ま め し ら に え ま な た し
つ た に ん え ち ま う ま う
を ふ よ ら ぬ こ ひ み こ は
め に ゆ ひ そ ろ わ か ら め
へ け む こ ま も か も た の
や さ や む う せ ゆ い ち さ
く た ろ ん し れ ち む な な
お か ふ し ぬ こ め ち ち む
わ る の こ め ち む
```

- もも
- まめ
- ひみつ
- しまうま
- したまち
- たまこ
- さめ

や　ya

すごい
wow!

ゆ　ゆ　ゆ　ゆ

ゆ　**yu**

すごい
wow!

よ　yo

すごい
wow!

はやい　　　　　　　This means fast

いきましょう　　　　This means let's go!

へや　　　　　　　　This means room

かいしゃ　　　　　　This means company; business

おちゃ　　　　　　　This means Japanese tea

きょう　　　　　　　This means today

ひゃく　　　　　　　This means hundred (100)

CROSSWORD CHALLENGE

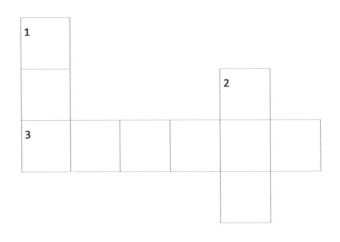

	Across
3.	This means let's go!

	Down
1.	This means fast
2.	This means today

WORDSEARCH

かいしゃなうもふとはほをはすふへゆ
いそりりきまろおうちおちゃうころ
しゃいえねひやをしょけへかやろい
いひへふゆもゆまけやきふや
とへこうけぬよあけれそへふやい
うはわはいよるゆへは
りさりわむふ
くねくむそてい

- はやい
- いきましょう
- へやいしゃ
- かいちょう
- おきゃく
- ひ

56

ら　**ra**

すごい
wow!

り

り　①　リ　り

り　ri

すごい
wow!

る　る　る　る　る　る　る　る　る　ru

すごい
wow!

れ

1

れ

れ

れ re

すごい
wow!

60

ろ　ろ　ろ

ろ　**ro**

すごい
wow!

りか	This means science
らく	This means easy
くり	This means chestnut
りす	This means squirrel
あり	This means ant
あれ	This means that
れつ	This means line
ろうそく	This means candle

CROSSWORD CHALLENGE

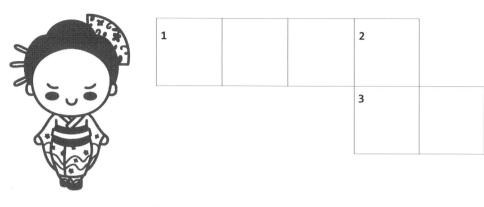

1			2
			3

Across

1. This means candle

3. This means squirrel

Down

2. This means chestnut

WORDSEARCH

```
の う い て に し つ も た ゆ
へ く か れ む し り わ し   え
ふ り し う れ れ あ き ん   れ
は あ つ つ あ う そ さ う   つ
そ み し ら ろ れ り せ ん ひ
え ゆ や く あ り の て ら ふ
つ ふ み へ り の み ふ ら
も す の て ん も も ひ む
す う す ほ め ほ ら そ
あ い ち け ほ む そ
```

- かくりすりあれつろうそく
- りらくりああれろ
- りくつり
- らくり
- くりあ
- りあれつ
- あれろ

わ wa

わ

すごい
WOW! 64

を を を を を

を

を を を を を

を　　o

すごい
WOW!

ん ん ん

ん　n

ん

すごい
wow!

KATAKANA CHART カタカナ

	a	i	u	e	o	ya ヤ	yu ユ	yo ヨ
no consonant	ア a	イ i	ウ u	エ e	オ o			
k	カ ka	キ ki	ク ku	ケ ke	コ ko	キャ kya	キュ kyu	きょ kyo
s	サ sa	シ **shi**	す su	セ se	ソ so	シャ sha	シュ shu	ショ sho
t	タ ta	チ **chi**	ツ **tsu**	テ te	ト to	チャ cha	チュ chu	チョ cho
n	ナ na	ニ ni	ヌ nu	ネ ne	ノ no	ニャ nya	ニュ nyu	ニョ nyo
h	ハ ha	ヒ hi	フ **fu**	ヘ he	ホ ho	ヒャ hya	ヒュ hyu	ヒョ hyo
m	マ ma	ミ mi	ム mu	メ me	モ mo	ミャ mya	ミュ myu	ミョ myo
y	ヤ ya		ユ yu		ヨ yo			
r	ラ ra	リ ri	ル ru	レ re	ロ ro	リャ rya	リュ ryu	リョ ryo
w	ワ wa				ヲ o			
[n]	ン n							
" - ten ten k → g	ガ ga	ギ gi	グ gu	ゲ ge	ゴ go	ギャ gya	ギュ gyu	ギョ gyo
s → z	ザ za	ジ **ji**	ズ zu	ゼ ze	ゾ zo	ジャ ja	ジュ ju	ジョ jo
t → d	ダ da	ヂ **ji**	ヅ **zu**	デ de	ド do			
h → b	バ ba	ビ bi	ブ bu	ベ be	ボ bo	ビャ bya	ビュ byu	ビョ byo
° - maru h → p	パ pa	ピ pi	プ pu	ペ pe	ポ po	ピャ pya	ピュ pyu	ピョ pyo

small ツ

ツ short pause

Katakana is based on the five vowels a, i, u, e, o. The characters written **bold** indicate sounds differing from the pattern. All other characters are made by combining a consonant with a vowel sound.

67

ア　**a**

やった
Hooray!

68

イ　i

やった
Hooray!

69

ウ　u

ウ　ウ　ウ　ウ

やった
Hooray!

7

エ e

やった
Hooray!

オ　o

オ

やった
Hooray!

エ ア　　This means air

ア イ　　This means eye

イ ア　　This means ear

オ ア　　This means oar

CROSSWORD CHALLENGE

1		
2	3	

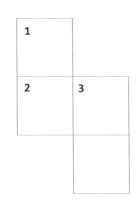

Across

2. This means eye

Down

1. This means air

3. This means ear

WORDSEARCH

ネ ワ ヌ ネ タ フ ア イ ノ
シ ラ ム ル オ ヨ ア ム ン ホ
モ エ エ カ ワ メ テ ケ ヒ ノ
タ オ ア ミ フ テ ヌ イ ス モ
サ サ ク ヤ エ サ コ ア タ ミ
ロ ネ シ オ ク ハ ア ユ コ コ
ハ リ コ ヤ サ エ キ タ チ ヘ
フ マ ヒ ヒ ア ア ウ ヨ モ フ
キ ホ ス オ ヒ ロ ヘ ケ ユ ケ
ホ マ エ マ テ ケ ミ ル ン ヌ

- エ ア
- ア イ
- イ ア
- オ ア

カ　**ka**

やった
Hooray!

キ　ki

やった
Hooray!

ク　**ku**

ケ **ke**

やった
Hooray!

コ **ko**

やった
Hooray!

キー　　　　　This means key

カウ　　　　　This means cow

ケーキ　　　　This means cake

コーク　　　　this means coke

CROSSWORD CHALLENGE

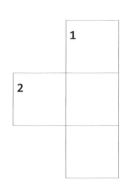

Across

2. This means key [the ー makes the previous sound longer]

Down

1. This means coke

WORDSEARCH

ホ ラ ユ ヲ セ ミ ア レ ア ヲ
ネ セ シ セ コ ケ リ ヘ サ フ
コ イ ク ソ ー レ ツ レ ロ ハ
ヲ ス レ ル ク テ ヲ ア フ
ウ ヘ ナ ケ サ ラ カ　ル フ
ク ケ ロ ー マ ユ ウ ハ キ ミ
ナ ワ ヘ キ ク ケ ロ ラ ー ス
ネ ヘ ト ニ ヤ ロ　モ ン ヤ
イ メ レ オ イ ソ イ ヲ ク ム
フ　シ ハ ム ツ マ ツ ツ ハ

- キー
- カウ
- ケーキ
- コーク

サ

¹ㅡㅡ ²↓サ ³サ サ

サ   **sa**

サ
サ
サ
サ
サ
サ
サ
サ
サ
サ
サ
サ
サ
サ

やった
Hooray!

8

シ shi

やった
Hooray!

83

ス　**su**

やった
Hooray!

セ　se

ソ　**so**

やった
Hooray!

キス This means kiss

サケ This means sake

サイ This means Rhino in Japanese

アシ This means leg

ケース This means case

アース This means earth

CROSSWORD CHALLENGE

Across

1. This means leg

3. This means case

Down

1. This means earth

2. This means sake

WORDSEARCH

```
ア ー ス ミ ス ニ ヘ カ フ レ
ナ リ ン マ サ   ソ ロ ナ メ
ス ヲ ラ マ ケ ヨ メ ネ ア シ
チ サ メ キ ー カ ソ ヌ ネ ヘ
ン ソ ロ ス ス ナ ヲ タ ト エ
サ イ ム ヒ     ム ニ ラ ナ
ク ミ コ フ フ セ ル ヌ セ サ
セ サ ケ ッ イ ツ ラ タ ヌ ン
ル ヨ   ラ ワ ノ ト ヘ タ ノ
ヨ ニ カ フ ヌ キ ヨ ア ル ソ
```

- キス
- サケ
- サイ
- アシ
- ケース
- アース

タ **ta**

チ　**chi**

チ

やった
Hooray!

ツ tsu

やった
Hooray!

テ　te

やった
Hooray!

ト　to

やった
Hooray!

テスト	This means test
アイス	This means ice (or ice cream)
コート	This means coat
アート	This means art
アウト	This means out
ツアー	This means tour
タコス	This means (Mexican) tacos

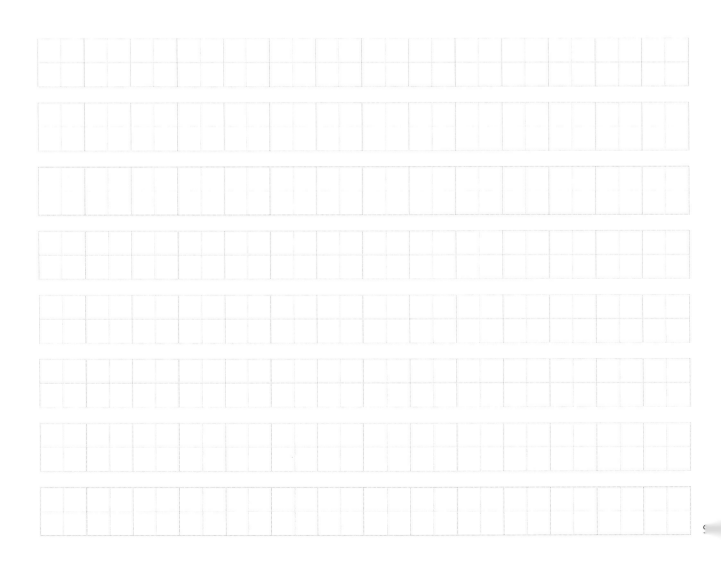

CROSSWORD CHALLENGE

Across

1. This means tour

4. This means coat

5. This means ice (or ice cream)

6. This means test

Down

2. This means out

3. This means (Mexican) tacos

5. This means art

WORDSEARCH

```
ノ タ コ ス ヨ ユ オ フ ヨ ハ
ヤ ツ アー ア ヒ シ ノ レ モ
ク エ ム カ カ タ シ セ ツ ナ
カ ラ ア ウ ト ア イ ス カ セ
マ ウ ケ ナ ア ユ ヒ コ ツ ア
リ セ ム メ キ オ リ ー エ ー
ア ヌ ミ ン ク テ テ ト ワ ト
ケ ヲ ソ ア ノ ラ マ ス ナ メ
ラ ワ テ ス ト ヨ ヤ ハ リ
ト レ フ ミ モ セ ヨ シ ソ シ
```

- テ ス ト
- ア イ ス
- コ ー ト
- ア ー ト
- ア ウ ト
- ツ ア ー
- タ コ ス

ナ　**na**

やった
Hooray!

二 ni

やった
Hooray!

ヌ　**nu**

やった
Hooray!

ネ　**ne**

やった
Hooray!

ノ no

やった
Hooray!

ナビ	This means navigator
ニット	This means to knit, knitting
カヌー	This means canoe
シ チー	This means city
ナース	This means nurse
ソナー	This means sonar

CROSSWORD CHALLENGE

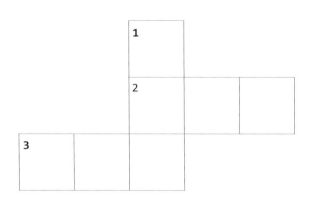

Across

2. This means nurse

3. This means city

Down

1. This means sonar

WORDSEARCH

```
ン ツ ヒ ラ マ ツ ヌ ソ ナ ビ
サ ク テ ク ツ レ   ヨ ユ ホ
キ レ カ ヌ ー ク マ レ フ ネ
  セ ナ テ ヤ セ ン イ ニ ヒ
ヌ ム ー チ ヌ ソ シ イ ニ コ
キ ト ス ミ ス ナ シ ウ ツ コ
ト ス エ ホ ー ヲ テ ト キ
  リ ラ フ ク リ ツ ナ ウ ア
ロ ス ロ   ニ ム ハ ハ ロ ネ
タ ク カ ヒ シ タ チ ー シ セ
```

- ナビ
- ニット
- カヌー
- シ チー
- ナース
- ソナー

ハ ha

ヒ hi

やった
Hooray!

1

フ **fu**

やった
Hooray!

105

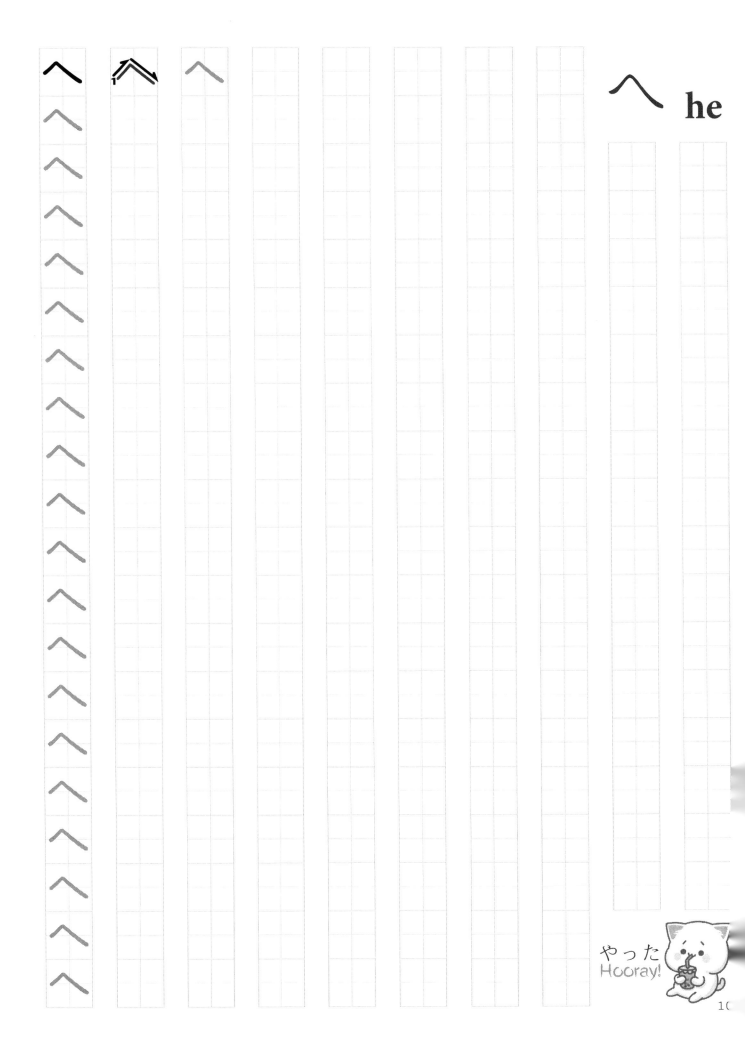

へ he

やった
Hooray!

ホ　**ho**

やった
Hooray!

ハ ニ ー	This means honey
ヒ ツ ト	This means to hit
フ ヤ ン	This means a (sports) fan
ヘ ア	This means hair
ホ テ ル	This means hotel
ハ ー フ	This means half

CROSSWORD CHALLENGE

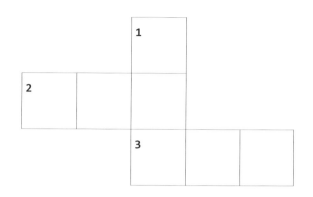

Across

2. This means honey

3. This means a (sports) fan

Down

1. This means half

WORDSEARCH

```
ホ ヤ マ ハ ハ ツ イ ス ア ヒ
テ ネ ウ ニ ー ヒ ケ コ ト レ
ル ハ ソ ー フ ツ ク レ ミ ナ
ソ ソ メ ヤ ワ ト ン ニ ム レ
カ リ レ ス フ ヤ ン サ ハ セ
レ エ ク ヲ ツ ク リ ア コ リ
ア キ ソ ヤ テ ヒ チ コ ン メ
コ ス ニ ワ サ レ ニ セ ト イ
ケ ム ア キ ラ ロ ア ヘ   ロ
メ ロ ヤ テ ハ   ワ ア ク ワ
```

- ハニー
- ヒット
- フヤン
- ヘア
- ホテル
- ハーフ

マ ma

やった
Hooray!

1

mi

やった
Hooray!

ム mu

やった
Hooray!

1

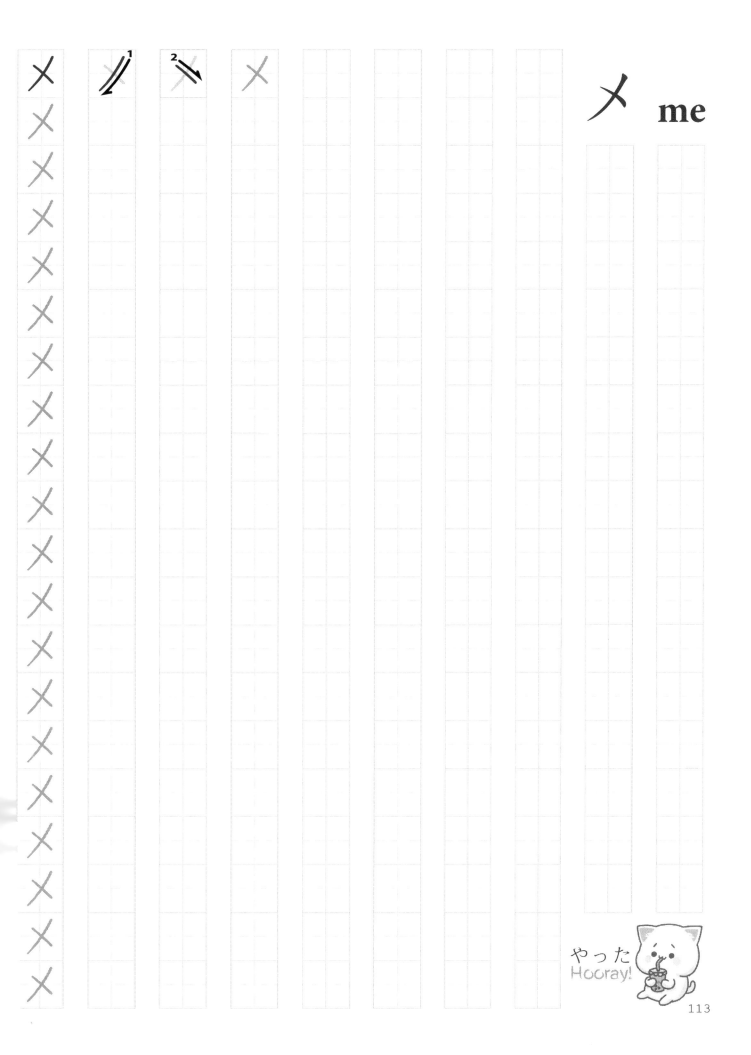

メ **me**

やった Hooray!

モ **mo**

やった
Hooray!

1

マン　　　　　This means man

ミート　　　　This means meat

コーム　　　　This means a comb

メキシコ　　　This means mexiko

モーア　　　　This means mower

CROSSWORD CHALLENGE

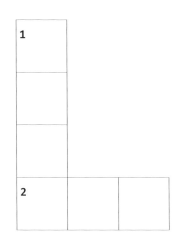

Across

2. This means a comb

Down

1. This means mexiko

WORDSEARCH

ロ ユ ヤ ル ム ミ ム ヲ ニ ヲ
マ ヤ ウ ス タ ヨ ツ ワ レ ソ
イ ソ ン ヌ メ キ ハ ミ レ ニ
ニ ス ネ ル メ キ シ コ ロ ン
ニ ト ヒ ウ コ モ ー ア ツ ユ
ニ ウ ル ス コ ー ム ア セ ユ
セ ウ オ ミ ク リ ウ ト ミ セ
ル ネ エ リ リ ク レ ホ ー ウ
ノ ワ ヲ エ リ ヤ メ ナ ト キ
マ ン ニ ノ ラ レ ロ ヲ ホ サ

- マ ン
- ミ ー ト
- コ ー ム
- メ キ シ コ
- モ ー ア

ㄚ　ya

やった
Hooray!

ユ yu

やった
Hooray!

11

ヨ **yo**

やった
Hooray!

ヤフー   This means Yahoo

ハレルヤ   This means halleluyah

ユタ   This means Utah (State)

トヨタ   This means Toyota

ユース   This means youth

ヨーヨー   This means yo-yo

CROSSWORD CHALLENGE

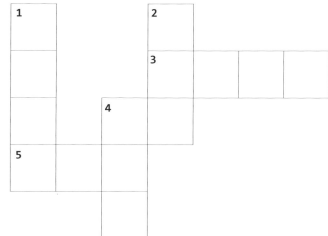

Across

3. This means yo-yo

4. This means Utah (State)

5. This means Yahoo

Down

1. This means halleluyah

2. This means Toyota

4. This means youth

WORDSEARCH

モ レ メ ヤ ロ レ テ ロ ヒ チ
タ ス ユ ー ス ヘ レ チ ル ワ
ナ ム ナ シ ヘ ネ ハ レ ル ヤ
ニ ニ イ チ ワ カ イ リ ヘ コ
シ モ ヤ 　 ト 　 ツ コ マ フ
ヘ ト フ ユ エ ミ ヨ ー ヨ ー
ノ エ ー タ ト ル ワ ラ オ サ
　 ス ニ セ ニ ヲ ラ ソ ヌ ハ
オ ユ レ ン ヘ ト ヨ タ キ チ
ミ テ ナ メ ッ カ ト ホ 　 ハ

- ヤフー
- ハレルヤ
- ユタ
- トヨタ
- ユース
- ヨーヨー

ラ　ラ　**ra**

やった
Hooray!

リ　リ　リ²　リ　　　　　　　リ　　ri

ル　**ru**

やった
Hooray!

1

レ　re

やった
Hooray!

ロ ro

やった
Hooray!

アイスクリーム	This means ice cream
アメリカ	This means America
ローソク	This means candle(ro-soku)
キレイ	This means pretty(kirei)
テレビ	This means tv
ハロー	This means hello

CROSSWORD CHALLENGE

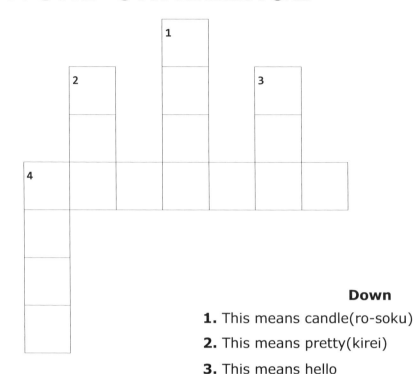

Across

4. This means ice cream

Down

1. This means candle(ro-soku)

2. This means pretty(kirei)

3. This means hello

4. This means America

WORDSEARCH

```
ホ ミ ロ ン サ ヒ テ オ レ マ
メ レ ヨ レ セ ン ト ユ ニ サ
キ レ イ ハ ロ ー ヘ ヘ ヤ ス
テ ソ マ メ セ タ ム ヌ ラ ソ
エ ニ カ メ タ カ ヒ チ ノ ア
ウ ア イ ス ク リ ー ム ス メ
ン ロ ー ソ ク ロ ユ フ モ リ
シ ソ エ ン ツ サ ト ハ エ カ
ツ テ レ ビ ト ワ ケ ホ テ ロ
メ ヒ ツ ユ シ ン フ ニ ヒ ヨ
```

- アイスクリーム
- アメリカ
- ローソク
- キレイ
- テレビ
- ハロー

1

ワ wa

やった Hooray!

ヲ o

やった
Hooray!

130

ン n

やった
Hooray!

ハワイ　　　　　This means hawaii

タワー　　　　　This means tower

チキン　　　　　This means chicken

コーン　　　　　This means corn

ワシントン　　　This means Washington

CROSSWORD CHALLENGE

Across
4. This means Washington

Down
1. This means chicken

2. This means corn

3. This means hawaii

WORDSEARCH

タ カ ト ヲ ケ ニ ヲ サ セ ヤ
ラ ム ヒ イ ニ ラ メ キ モ ミ
ヤ ワ シ ン ト ン エ ア ス
チ キ ン ホ ヲ ツ レ サ サ フ シ
ウ チ イ テ ホ ミ ケ ミ ヌ
ハ 　 ヘ カ レ 　 メ ケ ヤ ヌ
コ ヌ タ ワ ー ユ ヨ オ エ ヒ
ー サ コ ハ ハ レ ル モ フ ハ
ン ヒ ス 　 ヤ ヘ リ サ キ ワ
ソ ミ メ 　 チ ヨ 　 ン キ イ

- ハワイ
- タワー
- チキン
- コーン
- ワシントン

133

YOU MADE IT!

Thank you so much for selecting this book to study with. We hope you learned a lot and had fun while doing it. If this workbook was a good fit for you, it would mean a lot if you could take the time and leave us a review on Amazon. It helps future buyers make better decisions. Also, if you had any issues or something did not feel right, do not hesitate to send us an e-mail at japanes.workbook.resources@gmail.com.

Now pat yourself on the back. You did a great job by completing this workbook. Keep up the great work and continue with your studies.

Publishing Details (Impressum) is required under Austrian law:

Hiragana & Katakana: workbook for beginners

© 2022 Christopher Hacker

Graz, Austria

Contact: chrisomatico.pod@gmail.com

Printed in Great Britain
by Amazon

87122789R00077